A. AULARD

LE PATRIOTISME selon la Révolution Française

PARIS
ÉDOUARD CORNÉLY & Cie, ÉDITEURS
101, RUE VAUGIRARD, 101

1904

0 fr. 25

A. AULARD

LE PATRIOTISME selon la Révolution Française

PARIS
ÉDOUARD CORNÉLY & Cie, ÉDITEURS
101, RUE DE VAUGIRARD, 101

1904

LE PATRIOTISME

Selon la Révolution Française [1]

Mesdames,
Messieurs,

C'est pour moi un très grand honneur et un très grand plaisir de me trouver au milieu de vous, dans cette belle fête universitaire où votre association amicale, fidèle à son but et à son titre, célèbre dans l'amitié les bienfaits de l'amitié, et s'encourage aux devoirs d'une solidarité fraternelle.

Si vous avez pensé à moi pour présider votre banquet, c'est peut-être que les plus âgés d'entre vous se rappellent que mon père a exercé jadis ici même les fonctions d'inspecteur d'académie, — et pour le dire

(1) Discours prononcé à Amiens, le 9 juillet 1904, au banquet de l'*Amicale des membres de l'enseignement primaire public et laïque de la Somme*.

en passant, que de fois ne l'ai-je pas entendu vanter, avec une sympathie émue, le zèle et l'intelligence des instituteurs de la Somme!

Mais ce n'est pas seulement à ces souvenirs, s'ils subsistent encore, ce n'est pas seulement à quelques écrits polémiques en faveur des instituteurs que je dois de vous présider aujourd'hui. La vérité, c'est que sachant quelle période de l'histoire de France j'étudie à la Sorbonne, vous avez voulu, en m'appelant parmi vous, faire honneur à cette Révolution française dont les idées forment le lien de votre association, en même temps qu'elles inspirent tout l'enseignement par lequel, Mesdames et Messieurs, vous préparez à la République des citoyens et des citoyennes.

Je crois donc répondre à votre attente en vous disant quelques mots des vicissitudes que subit en ce moment, au milieu de la lutte des partis, une de ces idées de la Révolution française : la conception du patriotisme.

Il y a des gens — vous les connaissez, vous connaissez leur récent manifeste, leur ligue, leurs aventures et leurs mésaventures

— il y a des gens qui disent que le patriotisme s'est affaibli en France, et qu'il est grand temps, pour le renforcer, pour sauver la France, de restaurer à l'école l'histoire-bataille.

Ce qui est vrai, c'est que le patriotisme a évolué, si je puis dire, en beaucoup de consciences françaises.

Je le sens bien en moi-même.

Il y a quelques mois, je corrigeais les épreuves d'une nouvelle édition d'une petite biographie populaire de Danton, qui date d'une vingtaine d'années.

Je fus bien surpris de voir que j'y concluais ainsi sur Danton :

« A la fin de sa vie, quand ses ennemis le harcelaient, il ne s'en efforçait pas moins, aux Jacobins, à la Convention, de prêcher la fraternité avec un zèle, une abnégation admirables. C'est alors qu'il prononça ce mot toujours vrai, toujours opportun, et que nos jeunes lecteurs ne devront jamais oublier : « L'ennemi est à nos portes, et nous « nous déchirons les uns les autres ! Toutes « nos altercations tuent-elles un Prussien ? »

Ainsi, il y a vingt ans, j'avais l'air de croire et de dire que toute notre concorde nationale avait pour but, quoi ? un homicide ! Voulant citer une parole de Danton qui résumât tout son enseignement civique, je n'avais rien trouvé de mieux qu'un cri de haine contre une nation étrangère !

Ne me reconnaissant plus dans cette phrase, je la biffai, et je biffai aussi, dans le volume, tout ce qui sentait la haine.

Je ne me reconnaissais plus, mais je me rappelais cependant, à la réflexion, que j'avais été tel, et que les hommes de mon âge avaient tous été comme moi.

Après la guerre de 1870, après l'injuste et odieuse mutilation de la France, la paix imposée, la paix contre le droit ne fut subie que comme un armistice, comme une trêve. Toute la France se préparait à la revanche militaire, et il était fatal, au lendemain de nos défaites, que le patriotisme fût guerrier. C'est alors que moi-même je proposais aux enfants des écoles, comme devise civique, le mot de Danton : « Toutes nos altercations tuent-elles un Prussien ? »

Mais peu à peu le temps fit son office, en apaisant la colère, et aussi par la disparition de beaucoup de ceux qui avaient pris part à la guerre de 1870, par l'avènement de générations nouvelles qui ne connurent cette guerre et ces déchirements que par l'histoire. La nécessité de vivre imposa d'autres attitudes aux Français de ce côté des Vosges comme de l'autre côté. Il ne fut plus question de rompre la paix, ni de demander à d'autres moyens qu'aux moyens pacifiques les réparations nécessaires. Nous n'acceptons pas plus en 1904 qu'en 1871 l'injuste violence faite aux Français de Metz et d'Alsace ; nous disons toujours qu'il n'y aura de paix vraiment raisonnable et équitable que quand les Français annexés de force à l'Allemagne auront été admis à voter librement sur leurs propres destinées. Mais l'établissement de ce que nous appelons la paix par le droit, nous l'attendons d'un arbitrage international plutôt que d'une nouvelle effusion de sang.

En réalité, nous sommes sortis des circonstances de guerre pour rentrer dans des circonstances normales.

Voilà en quoi et comment notre patriotisme a évolué. Il a évolué non pour se gâter et s'affaiblir, mais au contraire pour revenir à ses premiers principes, à sa pureté première, à sa force première.

Les hommes libres, les républicains français préfèrent la mort à l'esclavage. Si l'étranger veut les asservir, si l'indépendance de la nation est menacée, si la France est envahie, ils se liguent tous contre l'envahisseur. Le mot de Danton serait vrai demain, au cas où cette hypothèse d'une invasion se réaliserait : car nous saurions, comme nos pères de 1792 et de 1793, nous unir contre l'ennemi, nous battre avec l'énergie des républicains, et faire victorieusement la guerre à la guerre.

Mais l'état de guerre une fois disparu, et c'est notre cas aujourd'hui, il nous arrive dans un autre ordre chronologique ce qui était arrivé à Danton lui-même.

Ce Danton, dont les imprécations civiques étaient si farouches en 1793, savez-vous comment il s'exprimait en 1790, alors que l'Europe ne faisait pas encore la guerre à la Révolution française ?

Une Société du Serment du Jeu de Paume s'était formée, qui, le 20 juin 1790, célébra par un grand banquet au bois de Boulogne l'anniversaire du fameux Serment.

Le procès-verbal de cette fête nous apprend que Danton y porta le premier toast, et nous indique ainsi le sens et le succès de ce toast :

« M. Danton eut le bonheur d'obtenir le premier la parole, et fit voir qu'il en était digne. Il dit que le patriotisme ne devant avoir d'autres bornes que l'univers, il proposait de boire à la santé, à la liberté, au bonheur de l'univers entier. Sa motion fut accueillie avec l'enthousiasme qu'elle méritait. »

Et il y avait là des révolutionnaires bourgeois comme Barnave, assis à côté de révolutionnaires démocrates comme Robespierre : tous burent à un patriotisme aussi large que le monde.

Ce patriotisme à la fois national et humanitaire leur semblait être la forme même de la Révolution.

Les peuples divers qui composaient le royaume de France, la Révolution les fédéra en un seul peuple, le peuple français, et fondit ces petites patries en une seule nation, la nation française une et indivisible.

A peine fondée, cette nation nouvelle eut l'idée d'une fédération de toutes les nations du monde en une seule famille humaine, où chaque groupe national conserverait sa personnalité. C'est alors qu'on commença à dire populairement que les peuples sont frères, qu'ils doivent s'aimer, s'entr'aider, et non se haïr, s'entretuer. Voilà ce que c'était qu'un patriote, en 1789 et en 1790.

Ce patriotisme visait à rendre libres tous les peuples, à faire de tous les hommes des citoyens. Les rois s'armèrent contre cette tendance : d'où la guerre, où les Français furent victorieux. Mais cette victoire même altéra leur patriotisme, leur rendit le goût des conquêtes et de la guerre pour la guerre, réveilla en eux les instincts rétrogrades, et les replongea pour un temps dans l'esclavage.

C'est ce patriotisme d'ancien régime, ce patriotisme agressif, haineux, conquérant, que l'on voudrait restaurer dans nos écoles.

Eh bien, nous disons que de ce patriotisme vraiment corrompu, vraiment corrupteur, sont sortis les dangers mêmes où récemment la République a failli périr.

Oui, de là sont sortis le boulangisme, le nationalisme, toutes les formes du césarisme démagogique. C'est en éveillant et en exploitant des sentiments qui ne correspondent plus à notre état social, mais qui vivent encore en ce peuple si longtemps conquérant, c'est en flattant le chauvinisme que les partis de réaction ont tenté de renverser la République, de rétablir le pouvoir personnel, de nous mettre sous le joug d'un homme.

A un moment, ils ont essayé de personnifier la patrie dans quelques chefs militaires, qu'ils ont voulu élever au-dessus des lois, et ils ont injurié du nom de « sans-patrie » ceux qui réclamaient l'application de l'article de la Déclaration des Droits où il est dit que la force publique « est instituée pour l'avantage de tous, et non pour l'utilité particulière de ceux auxquels elle est confiée ».

Ce chauvinisme archaïque, qui s'intitule nationalisme, offre pour avenir à la démocratie une monarchie plébiscitaire et militaire.

Il faut l'avouer : l'école primaire a jadis contribué à créer dans une partie de la nation cet état d'esprit antirépublicain, quand elle ne proposait aux enfants, surtout dans les livres d'histoire, qu'un idéal guerrier, et quand elle élevait les citoyens d'une République pacifique dans les sentiments qui conviennent plutôt aux sujets d'un empire conquérant.

Mesdames et Messieurs, je crois que le plus grand service que vous puissiez rendre à la nation, c'est de critiquer cette fausse conception du patriotisme. Vous détruirez ainsi le rétrograde et barbare esprit de nationalisme, d'impérialisme ; vous achèverez de guérir la démocratie française de la maladie du césarisme, et en opposant sagement et avec tact la raison à l'instinct, le patriotisme raisonnable et raisonné au patriotisme mystique et sanguinaire, vous ferez des Français des hommes libres, vous ferez une France aimable et invincible.

J'entends dire : Il faut opter entre le patriotisme et l'internationalisme ; il faut choisir entre le camp de ceux qu'on appelle les patriotes et le camp de ceux qu'on appelle les sans-patrie.

Eh bien, je vous le déclare, moi, je me refuse à cette option ; je me sens, je me dis, je me proclame à la fois patriote et internationaliste, c'est-à-dire que j'aime ma nation, j'admire notre glorieux patrimoine national, mais ces biens internationaux qui s'appellent la science, l'art, la morale ne me sont pas moins précieux ; je veux que ma nation vive en paix avec les autres nations ; je veux que toutes les nations vivent en paix entre elles. Dussé-je me faire insulter par le pédantisme de nos conservateurs, j'aspire à la République des États-Unis d'Europe, et même (qu'on se moque si l'on veut !) à la République du genre humain.

Enseignons que la guerre est terrible,

que l'idéal, c'est qu'il n'y ait plus de guerre. Enseignons aussi que si la force brutale veut étouffer l'idée, si la tyrannie d'un conquérant veut subjuguer la France, nous saurons repousser la guerre par la guerre, la force par la force, et que les meilleurs soldats de la défense nationale sont les hommes libres qui ont raisonné leur devoir.

Et à ceux qui vous proposent de vous former en ligue d'instituteurs « patriotes », de vous diviser en deux groupes, le groupe des serviteurs du passé et le groupe des serviteurs de l'avenir, dites que vous ne voulez point vous laisser diviser, dites que le corps des instituteurs est unanime, unanime à servir, par la vérité et par la raison, la cause de la France et la cause de l'humanité.

Mesdames et Messieurs, laissons ricaner les sots et gémir les hypocrites; laissons l'esprit bureaucratique s'effarer du prétendu « péril de gauche », et s'épouvanter à cet heureux envahissement de l'école par la République démocratique et sociale; continuons à prêcher la paix entre les peuples comme entre les individus, et reprenant le toast que Danton portait en 1790, buvons au patriotisme raisonnable, au patriotisme large et humain, — au patriotisme selon la Révolution française !

Meulan-Hardricourt (S.-et-O.). — MARÉCHAUX, LE CADRE & Cie, Impr.

www.ingramcontent.com/pod-product-compliance
Lightning Source LLC
LaVergne TN
LVHW010412240826
846091LV00020B/3648
* 9 7 8 2 0 1 1 9 4 1 1 6 9 *